Bitácora Bloguera

Un producto de
ALETHEIA CREATIVE ©

ESTA BITÁCORA BLOGUERA PERTENECE A:

Nombre:

Apellido:

E-mail:

Blog o cuenta
literaria:

PERFILES SOCIALES

Facebook:

Twitter:

Instgram:

Enero

COSAS QUE NO DEBO PERDER DE VISTA:

PROPÓSITOS DEL MES	ACTIVIDAD EN REDES SOCIALES

CUMPLEAÑOS	PUBLICACIONES	LECTURAS CONJUNTAS

SORTEOS ABIERTOS	NOTAS

Lecturas

TÍTULO	AUTOR	FECHA DE INICIO

del mes

FECHA DE CULMINACIÓN	CALIFICACIÓN	RESEÑA EN EL BLOG	RESEÑA EN AMAZON

FRASES DESTACADAS:

LUNES	MARTES	MIERCOLES	JUEVES

Apunta los anuncios, firmas de libros, transmisiones en vivo

Eventos Literarios

VIERNES	SABADO	DOMINGO

y otros eventos que no te quieras perder.

NOTAS

NOTAS

Febrero

COSAS QUE NO DEBO PERDER DE VISTA:

PROPÓSITOS DEL MES	ACTIVIDAD EN REDES SOCIALES

CUMPLEAÑOS	PUBLICACIONES	LECTURAS CONJUNTAS

SORTEOS ABIERTOS	NOTAS

Lecturas

TÍTULO	AUTOR	FECHA DE INICIO

del mes

FECHA DE CULMINACIÓN	CALIFICACIÓN	RESEÑA EN EL BLOG	RESEÑA EN AMAZON

FRASES DESTACADAS:

FRASES DESTACADAS:

Calendario de

LUNES	MARTES	MIERCOLES	JUEVES

Apunta los anuncios, firmas de libros, transmisiones en vivo

Eventos Literarios

VIERNES	SABADO	DOMINGO

y otros eventos que no te quieras perder.

NOTAS

NOTAS

Marzo

COSAS QUE NO DEBO PERDER DE VISTA:

PROPÓSITOS DEL MES	ACTIVIDAD EN REDES SOCIALES

CUMPLEAÑOS	PUBLICACIONES	LECTURAS CONJUNTAS

SORTEOS ABIERTOS	NOTAS

Lecturas

TÍTULO	AUTOR	FECHA DE INICIO

del mes

FECHA DE CULMINACIÓN	CALIFICACIÓN	RESEÑA EN EL BLOG	RESEÑA EN AMAZON

FRASES DESTACADAS:

FRASES DESTACADAS:

Calendario de

LUNES	MARTES	MIERCOLES	JUEVES

Apunta los anuncios, firmas de libros, transmisiones en vivo

Eventos Literarios

VIERNES	SABADO	DOMINGO

y otros eventos que no te quieras perder.

NOTAS

NOTAS

Abril

COSAS QUE NO DEBO PERDER DE VISTA:

PROPÓSITOS DEL MES	ACTIVIDAD EN REDES SOCIALES

CUMPLEAÑOS	PUBLICACIONES	LECTURAS CONJUNTAS

SORTEOS ABIERTOS	NOTAS

Lecturas

TÍTULO	AUTOR	FECHA DE INICIO

del mes

FECHA DE CULMINACIÓN	CALIFICACIÓN	RESEÑA EN EL BLOG	RESEÑA EN AMAZON

FRASES DESTACADAS:

FRASES DESTACADAS:

Calendario de

LUNES	MARTES	MIERCOLES	JUEVES

Apunta los anuncios, firmas de libros, transmisiones en vivo

Eventos Literarios

VIERNES	SABADO	DOMINGO

y otros eventos que no te quieras perder.

NOTAS

NOTAS

Mayo

COSAS QUE NO DEBO PERDER DE VISTA:

PROPÓSITOS DEL MES	ACTIVIDAD EN REDES SOCIALES

CUMPLEAÑOS	PUBLICACIONES	LECTURAS CONJUNTAS

SORTEOS ABIERTOS	NOTAS

Lecturas

TÍTULO	AUTOR	FECHA DE INICIO

del mes

FECHA DE CULMINACIÓN	CALIFICACIÓN	RESEÑA EN EL BLOG	RESEÑA EN AMAZON

FRASES DESTACADAS:

FRASES DESTACADAS:

Calendario de

LUNES	MARTES	MIERCOLES	JUEVES

Apunta los anuncios, firmas de libros, transmisiones en vivo

Eventos Literarios

VIERNES	SABADO	DOMINGO

y otros eventos que no te quieras perder.

NOTAS

NOTAS

Junio

COSAS QUE NO DEBO PERDER DE VISTA:

PROPÓSITOS DEL MES	ACTIVIDAD EN REDES SOCIALES

CUMPLEAÑOS	PUBLICACIONES	LECTURAS CONJUNTAS

SORTEOS ABIERTOS	NOTAS

Lecturas

TÍTULO	AUTOR	FECHA DE INICIO

del mes

FECHA DE CULMINACIÓN	CALIFICACIÓN	RESEÑA EN EL BLOG	RESEÑA EN AMAZON

FRASES DESTACADAS:

FRASES DESTACADAS:

Calendario de

LUNES	MARTES	MIERCOLES	JUEVES

Apunta los anuncios, firmas de libros, transmisiones en vivo

Eventos Literarios

VIERNES	SABADO	DOMINGO

y otros eventos que no te quieras perder.

NOTAS

NOTAS

Julio

COSAS QUE NO DEBO PERDER DE VISTA:

PROPÓSITOS DEL MES	ACTIVIDAD EN REDES SOCIALES

CUMPLEAÑOS	PUBLICACIONES	LECTURAS CONJUNTAS

SORTEOS ABIERTOS	NOTAS

TÍTULO	AUTOR	FECHA DE INICIO

del mes

FECHA DE CULMINACIÓN	CALIFICACIÓN	RESEÑA EN EL BLOG	RESEÑA EN AMAZON

FRASES DESTACADAS:

FRASES DESTACADAS:

Calendario de

LUNES	MARTES	MIERCOLES	JUEVES

Apunta los anuncios, firmas de libros, transmisiones en vivo

Eventos Literarios

VIERNES	SABADO	DOMINGO

y otros eventos que no te quieras perder.

NOTAS

NOTAS

Agosto

COSAS QUE NO DEBO PERDER DE VISTA:

PROPÓSITOS DEL MES		ACTIVIDAD EN REDES SOCIALES
CUMPLEAÑOS	PUBLICACIONES	LECTURAS CONJUNTAS
SORTEOS ABIERTOS	NOTAS	

Lecturas

TÍTULO	AUTOR	FECHA DE INICIO

del mes

FECHA DE CULMINACIÓN	CALIFICACIÓN	RESEÑA EN EL BLOG	RESEÑA EN AMAZON

FRASES DESTACADAS:

Calendario de

LUNES	MARTES	MIERCOLES	JUEVES

Apunta los anuncios, firmas de libros, transmisiones en vivo

Eventos Literarios

VIERNES	SABADO	DOMINGO

y otros eventos que no te quieras perder.

NOTAS

NOTAS

Septiembre

COSAS QUE NO DEBO PERDER DE VISTA:

PROPÓSITOS DEL MES	ACTIVIDAD EN REDES SOCIALES

CUMPLEAÑOS	PUBLICACIONES	LECTURAS CONJUNTAS

SORTEOS ABIERTOS	NOTAS

Lecturas

TÍTULO	AUTOR	FECHA DE INICIO

del mes

FECHA DE CULMINACIÓN	CALIFICACIÓN	RESEÑA EN EL BLOG	RESEÑA EN AMAZON

FRASES DESTACADAS:

FRASES DESTACADAS:

Calendario de

LUNES	MARTES	MIERCOLES	JUEVES

Apunta los anuncios, firmas de libros, transmisiones en vivo

Eventos Literarios

VIERNES	SABADO	DOMINGO

y otros eventos que no te quieras perder.

NOTAS

NOTAS

COSAS QUE NO DEBO PERDER DE VISTA:

PROPÓSITOS DEL MES	ACTIVIDAD EN REDES SOCIALES

CUMPLEAÑOS	PUBLICACIONES	LECTURAS CONJUNTAS

SORTEOS ABIERTOS	NOTAS

Lecturas

TÍTULO	AUTOR	FECHA DE INICIO

del mes

FECHA DE CULMINACIÓN	CALIFICACIÓN	RESEÑA EN EL BLOG	RESEÑA EN AMAZON

FRASES DESTACADAS:

FRASES DESTACADAS:

Calendario de

LUNES	MARTES	MIERCOLES	JUEVES

Apunta los anuncios, firmas de libros, transmisiones en vivo

Eventos Literarios

VIERNES	SABADO	DOMINGO

y otros eventos que no te quieras perder.

NOTAS

NOTAS

Noviembre

COSAS QUE NO DEBO PERDER DE VISTA:

PROPÓSITOS DEL MES		ACTIVIDAD EN REDES SOCIALES
CUMPLEAÑOS	PUBLICACIONES	LECTURAS CONJUNTAS
SORTEOS ABIERTOS	NOTAS	

Lecturas

TÍTULO	AUTOR	FECHA DE INICIO

del mes

FECHA DE CULMINACIÓN	CALIFICACIÓN	RESEÑA EN EL BLOG	RESEÑA EN AMAZON

FRASES DESTACADAS:

Calendario de

LUNES	MARTES	MIERCOLES	JUEVES

Apunta los anuncios, firmas de libros, transmisiones en vivo

Eventos Literarios

VIERNES	SABADO	DOMINGO

y otros eventos que no te quieras perder.

NOTAS

NOTAS

Diciembre

COSAS QUE NO DEBO PERDER DE VISTA:

PROPÓSITOS DEL MES		ACTIVIDAD EN REDES SOCIALES
CUMPLEAÑOS	PUBLICACIONES	LECTURAS CONJUNTAS
SORTEOS ABIERTOS	NOTAS	

Lecturas

TÍTULO	AUTOR	FECHA DE INICIO

del mes

FECHA DE CULMINACIÓN	CALIFICACIÓN	RESEÑA EN EL BLOG	RESEÑA EN AMAZON

FRASES DESTACADAS:

FRASES DESTACADAS:

Calendario de

LUNES	MARTES	MIERCOLES	JUEVES

Apunta los anuncios, firmas de libros, transmisiones en vivo

Eventos Literarios

VIERNES	SABADO	DOMINGO

y otros eventos que no te quieras perder.

NOTAS

NOTAS